◇
花蕗
果蕗
菓子店
◇

화라과라 과자점

전은진 지음

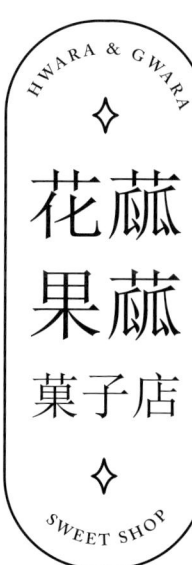

VCR

Chapter. 1

달맞이 꽃

하루를 정리하며 쓴 공방일지가 제법 많은 양이 쌓였다.

선택하여 시작하고, 멈추지 않고 새로 만들고, 새로운 것에서 배운 소중한 순간들을 잊지 않으려 문장으로 기록했다.

시간이 지나면 그때의 생동감은 서서히 옅어지지만, 내밀한 경험을 일으키는 문장은 조금 더 오래 남아 내게 속삭인다.

'안녕 잘 가, 또 만나.'

문득 어떤 풍경에서 오랜만에 받은 느낌, 그리고 삶 전체를 감싸는 따듯한 느낌이 다가온다면 그것은 우연이 아닐지도 모른다. 이것이 계절을 함께 맛볼 수 있는 다과를 만들 때 중요하게 생각하는 요소이다.

'맞아, 이런 시간이었지.' 하며 누구에게든 시간이 지나도 계속 꺼내 볼 수 있는 맛으로 남았으면 좋겠다.

구석구석 매혹적인 암시로 가득한 사랑의 순간을 살아가기를. 친애하는 모든 이들과 소망한다.

- 화라과라 과자점 공방에서

12月

첫눈 오던 날

화라의 존재에 늘 고마움을 느낀다.

특히 팥을 베보자기에 탈수하는 일을 할 때마다 함께 할 누군가가 곁에 있음에 감사하다.

6년 전 오늘, 우리는 첫 출발을 했다.

1月

사계절의 달력

소중한 사람들을 위해 '사계절의 달력'을 만들었다.

봄, 여름, 가을, 겨울 어느 시간이건 저마다 사랑하는 순간을 조금 더 많이 즐기는 해가 되기를,

그리고 다시 만나 함께 이야기하고 즐거운 시간을 나누길 바라는 마음으로.

계절에 따라 과자의 내용물을 가지각색으로 채웠다. 제철의 과일즙이 들어간 제품.

2月

설국의 정원

하루 사이 내린 폭설에 완전히 다른 세상을 만난 듯한 기분이 들었다.

새로 개발하는 메뉴의 질감을 고민하던 중이었는데 우연히 답을 찾다니, 운이 좋았다.

맛있는 차를 우리기 위한 다구를 맞이했고, 차회를 약속했다.

Chapter. 2

**흑설탕 양갱**

어느 하나 쓸데없는 공정은 없고, 작은 과정들이 모여 미세한 차이를 만들지 않을까 생각한다.

어디에 사용할 것이냐에 따라 짓는 방법이 다양하고 맛이 달리 나오니 말이다.

3月

봄의 소리

산책하듯 마음 가는 대로, 일터의 흐름대로, 그래서 실패하더라도.

숲의 길목 언덕에도 크고 작게, 빠르고 느리게 계절의 변화가 일고 있다.

과자로 재현하고 싶은 작고 고아한 꽃을 발견했는데, 도무지 이름을 모르겠다.

4月

계절의 선물

좋은 재료를 어떻게 우리 과자점만의 방식으로 풀어낼까.

절묘한 한 끗으로 매번 달라진다. 하나도 허투루 대할 것이 없다.

5月

신록의 정원

내적인 나 그 자체로부터 시작되는 일. 다양한 관계의 형태 그 어딘가 넓고 부드럽게 사는 방식.

즐기고 나누는 식사와 느리고 깊게 여행하던 나날이 문득 떠올랐다.

Chapter. 3

카스텔라

비슷한 사람과 다른 다양한 사람들과 따로 또 같이 속해있음을 느끼는 지점에 서 있다.

우리가 나르는 것은 무엇일까?

6月

**푸른 단풍 양갱**

잠시 시원함을 찾아서 휴가를 갖기로. 가볍고 나른하고 투명하게.

6월 6일 - 6월 8일

7月

언덕의 축제

한낮의 더위를 잊을 수 있는 여름밤이 역시 좋다.

바람결에 흩어지는 아름다운 언덕의 노래. 여름의 소리.

잠시 만날 수 있어, 생각할 수 있어 다행이었다.

8月

나무의 이슬

연일 비가 내린다.

Chapter. 4

광물의 열매

채집한 재료를 분류하고 다시 밑준비를 하는 동안 하루가 저물었다.

트롤리에서 자그마한 상자도 발견했다. 씨, 꽃, 뿌리....화라가 넣어두고 깜빡한 것이지.

미처 알지 못했던, 내가 정말 좋아하는 것을 떠올릴 수 있는 그의 취향은 새로운 쓰임과 형태와 경험을 던져주곤 한다.

나는 그의 수집을 사랑한다.

9月

밤의 매화

어쩜 이리도 아름다운지. 한 번 마음에 들어온 것은 오래오래 간직하고 싶어진다.

차회를 준비 중이다. 맛과 재료에 대해 나누고 싶은 이야기도, 배울 것도 많다.

10月

**여행자의 과자**

언제 어디서든 여행자의 마음으로 세상을 본다면 무얼 발견할 수 있을까.

예측할 수 없는 여행자의 발걸음.

바람이 잔다

11月

차회.

차회를 위한 메뉴는 평소보다 더 다양하다.

단순해 보이는 모양의 것도 만듦에 복잡한 공정이 있다.

형태만이 아닌 음식으로, 재료의 맛을 느끼고 바라볼 수 있는 시간을 가짐에 감사했다.

전은진 JEON EUN JIN

홍익대학교에서 시각디자인을 전공하였으며 그림책 〈입〉과 〈미리〉, 〈둥이 그림〉을 제작했다.

ourroughcut@vcrworks.kr

# 화라과라 과자점
HWARA&GWARA SWEET SHOP

초판 제1쇄 발행일 2018년 10월 6일
초판 제2쇄 발행일 2018년 12월 6일

| 지은이 | 전은진 |
| 펴낸이 | 이종훈 |
| 디자인 | studio gomin |
| 펴낸곳 | VCR |
| 출판등록 | 2014년 5월 14일 (제2015-000019호) |
| 주소 | (07291) 서울시 영등포구 영중로 122-1 아월빌딩 402호 |
| 전화 | 070-4120-0487 |
| 홈페이지 | www.vcrworks.kr |

이 책은 저작권법으로 보호받는 저작물이므로 무단 전재와 복제를 금합니다.

ISBN 979-11-959970-3-9